A EMANCIPAÇÃO DAS MULHERES E A LUTA DE LIBERTAÇÃO DA ÁFRICA

Dados Internacionais de Catalogação na Publicação (CIP)
(Câmara Brasileira do Livro, SP, Brasil)

Sankara, Thomas, 1949-1987
A emancipação das mulheres e a luta de libertação da África / Thomas Sankara ; tradução de Luiz Paulo Rouanet. – Petrópolis, RJ : Vozes, 2025. – (Coleção África e os Africanos)

Título original: L'émancipation des femmes et la lutte de libération de l'Afrique.

ISBN 978-85-326-7324-4

1. África – História 2. África – Política e governo 3. Emancipação 4. Liberdade 5. Mulheres – Direitos I. Título. II. Série.

25-290982 CDD-305.4

Índices para catálogo sistemático:
1. Mulheres : Direitos : Sociologia 305.4

Eliane de Freitas Leite – Bibliotecária – CRB 8/8415

A EMANCIPAÇÃO DAS MULHERES E A LUTA DE LIBERTAÇÃO DA ÁFRICA

Thomas Sankara

Tradução de Luiz Paulo Rouanet

EDITORA VOZES

Petrópolis

Tradução do original em francês intitulado *L'émancipation des femmes et la lutte de libération de l'Afrique*

Direitos de publicação em língua portuguesa – Brasil:
2025, Editora Vozes Ltda.
Rua Frei Luís, 100
25689-900 – Petrópolis, RJ
www.vozes.com.br
Brasil

Editoração: Felipe Cotrim
Diagramação: Guilherme Ayres
Revisão gráfica: Bianca V. Guedes
Projeto gráfico de capa: Renan Rivero
Adaptação de capa: Ygor Moretti

ISBN 978-85-326-7324-4 (Brasil)
ISBN 978-0-87348-994-2 (Estados Unidos)

Este livro foi composto e impresso pela Editora Vozes Ltda.

Súmario

Thomas Sankara

De 1983 a 1987, Thomas Sankara foi o dirigente principal da revolução democrática e popular em Burkina Faso – antes chamado de Alto Volta –, na África Ocidental.

Nascido em 1949, Thomas Sankara ingressa na escola militar em 1966, uma das raras avenidas para os jovens de sua geração que desejavam realizar estudos superiores. Enquanto prossegue sua formação militar em Madagascar, no início dos anos 1970, fica profundamente marcado por uma rebelião em massa dos trabalhadores e estudantes que derruba o governo neocolonial do país. Toma conhecimento também do marxismo, pelo viés de estudantes que participaram da revolta pré-revolucionária de maio de 1968, na França.

Tenente no exército de Alta Volta, Sankara se torna conhecido como dirigente militar por ocasião de um conflito fronteiriço com o Mali, entre dezembro de 1974 e janeiro de 1975. Ao longo dos anos seguintes, estabelece vínculos com jovens oficiais e soldados insatisfeitos com as condições opressivas que prevalecem no país, condições perpetuadas pelos dirigentes imperialistas de Paris e de outros lugares, com apoio dos proprietários de terras, empresários, chefes tribais e políticos locais.

Sankara fica preso por um curto período em 1982, depois de ter se demitido de um posto governamental em sinal de protesto contra as políticas repressivas do regime. É nomeado primeiro-ministro em janeiro de 1983, logo após um golpe de Estado. Ele utiliza essa tribuna para encorajar a população de Alto Volta e de outros países da África para defender seus interesses contra os proprietários do país e do exterior que os exploram. Essa postura sem compromissos conduz a um conflito crescente com as forças pró-imperialistas no interior do governo. Em maio de 1983, o presidente Jean-Baptiste Ouédraogo ordena a prisão de Sankara e de alguns de seus partidários.

Em 4 de agosto de 1983, cerca de 250 soldados marcham sobre a capital Uagadugu a partir de uma base militar rebelada situada em Pô[, no sul do país]. O regime de Jean-Baptiste Ouédraogo é derrubado em um levante popular. Sankara se torna o presidente do novo Conselho Nacional da Revolução, inaugurando quatro anos de atividade revolucionária dos camponeses, trabalhadores, das mulheres e dos jovens.

Thomas Sankara foi assassinado e o governo revolucionário, derrubado em 15 de outubro de 1987, em um golpe de Estado dirigido por Blaise Compaoré [à época, ministro da Justiça e "aliado" de Sankara].

PREFÁCIO*

Mary-Alice Waters

Agradeço a oportunidade que me é oferecida de estar entre vocês nesta tarde, não apenas para apresentar as notícias sobre a publicação da Pathfinder contendo o discurso que Thomas Sankara pronunciou em 1987, *A emancipação das mulheres e a luta de libertação da*

* O que se segue são as observações feitas por Mary-Alice Waters, diretora da Pathfinder, por ocasião da apresentação, no Salão Internacional do Livro de Havana, em fevereiro de 2002, da edição em espanhol de *Emancipação das mulheres e a luta de libertação da África*, de Thomas Sankara.

África, mas também para celebrar o novo livro da Tricontinental a respeito das mulheres de Moçambique.

Em outubro de 1983, há quase vinte anos, Sankara, então dirigente do governo revolucionário popular de Burkina Faso, ao esboçar os objetivos do novo poder revolucionário, disse:

> As mulheres e os homens de nossa sociedade são igualmente vítimas da opressão e da dominação imperialistas. Eis porque empreendem o mesmo combate. A revolução e a libertação da mulher caminham juntas. E não consiste em um ato de caridade ou um impulso de humanismo falar da emancipação da mulher.

Em um dos países mais pobres da África Ocidental, devastado pelo imperialismo, com a taxa de mortalidade infantil mais alta do mundo e onde o analfabetismo entre as mulheres atingia 99%, Sankara ergueu com confiança a bandeira da emancipação das mulheres. Ofereceu uma explicação científica e materialista das raízes sociais e econômicas da opressão das mulheres nas sociedades de classes, e prometeu o apoio do Conselho Nacional da Revolução para organizar e mobilizar as mulheres na luta para mudar suas condições de vida e as condições de vida de todos os habitantes de Burkina Faso. Mais do que uma promessa, tratava-se de um curso de ação revolucionária que, durante os quatro anos seguintes, forneceu um exemplo não só para toda a África, como para além dela.

Fundador do movimento operário moderno e um dos defensores mais intransigentes da luta pela igualdade das mulheres que o mundo conheceu, Karl Marx foi um dos primeiros a fazer do estatuto social das mulheres uma medida do grau de progresso de toda sociedade. Foi uma das manifestações mais impactantes do desenvolvimento desigual e combinado da história que, em meados dos anos 1980, o Burkina Faso, um dos países mais oprimidos do mundo, tenha repentinamente tomado lugar no âmbito da vanguarda revolucionária em escala internacional.

Este pequeno livro não diz respeito apenas à luta pela igualdade das mulheres na África, por mais importante que seja esse o objetivo. As perspectivas apresentadas por Sankara pertencem àqueles e àquelas que lutam pela dignidade humana em toda parte, inclusive nos países industrialmente mais desenvolvidos, como os Estados Unidos, e os politicamente mais avançados, como Cuba.

Uma confirmação desse fato foi a acolhida que esta brochura recebeu desde que a Pathfinder a publicou em inglês, há mais de dez anos. Mais de 7 mil exemplares foram vendidos, além dos 6 mil exemplares de *Thomas Sankara speaks* [*Discursos e entrevistas de Thomas Sankara*], uma grande coletânea em inglês de discursos e entrevistas do revolucionário burquinabê na qual a mensagem acerca da emancipação das mulheres ocupa um lugar importante. A maioria desses exemplares foi vendida nos Estados Unidos e em outros países imperialistas.

E só falamos aqui do inglês. Com a publicação deste discurso em francês e espanhol neste ano, seu alcance, seu impacto, será muito maior[1].

Os jovens socialistas de vários países que levaram consigo este título e outros livros revolucionários publicados pela Pathfinder no Festival Mundial da Juventude e dos Estudantes da Argélia, em agosto de 2001, puderam constatar de maneira imediata esse impacto crescente. Quando a notícia começou a circular entre as delegações, em particular da África, muitos começaram a procurar as bancas de literatura onde poderiam obter exemplares.

Do mesmo modo, nas livrarias Pathfinder e nas bancas de rua nos bairros operários das cidades dos centros imperialistas metropolitanos – para os quais dezenas de milhares de estudantes e trabalhadores de países da África se veem cada vez mais obrigados a emigrar por causa das consequências desumanas das leis que regem o funcionamento do capital financeiro –, constatamos que os livros mais pedidos foram os de Sankara e de títulos como *Che Guevara fala aos jovens* [em inglês e espanhol] e o *Manifesto do Partido Comunista*. Que melhor indicação dos novos ventos que sopram hoje entre as novas gerações da África e de outros lugares?

---

1. Entre o início de 2002 e o fim de 2006, cerca de 1,5 mil exemplares da edição em espanhol foram vendidos, 1.150 da edição em francês e 2 mil daquela em inglês.

Para terminar, gostaria de dizer algumas palavras sobre a Pathfinder, o que poderia ser novo para alguns dos que estão aqui hoje. Gostamos de dizer que a Pathfinder nasceu com a Revolução de Outubro de 1917, porque foi naquele momento que nossos predecessores começaram a publicar os discursos e escritos de [Vladímir Ilítch] Lênin e daqueles que lideraram a primeira revolução socialista e permaneceram fiéis a seu movimento proletário internacional. Há 85 anos, temos apenas um objetivo: publicar e distribuir, de modo mais amplo possível, livros, brochuras e revistas necessárias para fazer avançar a luta pela libertação nacional e pelo socialismo.

Nesse âmbito, procuramos proporcionar aos dirigentes revolucionários do mundo inteiro se exprimir por si mesmos em seu próprio nome. As palavras de Sankara constituem um belo exemplo da linha de conduta que procuramos seguir.

Parece particularmente apropriado apresentar esta edição em espanhol em Cuba, onde centenas de milhares de *compañeros* e *compañeras* mantêm vínculos profundos e duráveis com as lutas dos povos da África. Como disse Sankara, Cuba fornece à África e ao mundo um exemplo "de coragem, de vontade e do fato de sempre associar o povo, o povo, o povo àquilo que se faz". Gostaríamos de agradecer a nossos irmãos e irmãs da Tricontinental, que tornaram possível esta apresentação conjunta e nos congraçamos de antemão por ver semelhantes ocasiões se repetirem no futuro.

Introdução

O documento central deste livro é um discurso proferido por Thomas Sankara por ocasião de uma reunião de milhares de mulheres em Uagadugu, a capital de Burkina Faso, durante o Dia Internacional da Mulher, em 8 de março de 1987.

Trata-se de um testemunho dos ganhos conquistados por uma das mais profundas revoluções da história da África.

Em 4 de agosto de 1983, um levante popular no país da África Ocidental – então conhecido como Alto Volta, ex-colônia da França e um dos países mais pobres do mundo – levou ao poder um governo revolucionário popular do qual Sankara se tornou presidente, aos 33 anos de idade. Um ano depois, esse país de 7 milhões de habitantes foi renomeado como Burkina Faso, "a terra das pessoas íntegras".

Por um período de quatro anos, o governo revolucionário popular mobilizou os camponeses, os trabalhadores e os jovens para implementar medidas econômicas e sociais de grande amplitude, que restringiam os direitos e as prerrogativas da aristocracia fundiária e dos ricos comerciantes da região. O governo revolucionário convocou o povo burquinabê a se unir aos trabalhadores e camponeses do resto do mundo nas lutas contra a dominação imperialista, e fundou organizações de massa de camponeses, artesãos, trabalhadores, jovens, mulheres e "anciãos".

Com apoio popular maciço, o governo aboliu as dívidas e as corveias pagas aos chefes de aldeia. Nacionalizou a terra para garantir aos trabalhadores rurais, que representam cerca de 90% da população, acesso, como agricultores produtivos, ao fruto de seu trabalho. Aumentou o preço pago aos camponeses pelos principais produtos hortifrutigranjeiros. Lançou projetos de irrigação e de plantio de árvores para aumentar a produtividade e deter o avanço da zona desértica do Sahel ao norte do país. Organizou campanhas de vacinação maciças e tornou acessível, a milhões de pessoas, serviços essenciais de saúde. Em 1985, a mortalidade infantil caiu para 145 por mil nascidos vivos, comparativamente a 208 no início da década. E, em 1987, a propagação da oncocercose, ou cegueira dos rios, doença transmitida por parasitas e antes crescente, é interrompida. Em um país em que o analfabetismo atinge 92% – e até mais do que isso, no campo –, o governo lança campanhas de alfabetização nas línguas locais, além de financiar trabalhos públicos de construção de estradas, escolas e habitações. E, confiando na justiça de classe dos trabalhadores e dos camponeses, instala tribunais populares revolucionários para julgar ex-dirigentes e altos funcionários acusados de corrupção.

Assim como o ilustra o conteúdo deste livro, por iniciativa de Sankara, o governo revolucionário tomou medidas para combater a subjugação secular das mulheres, encorajadas a se organizar para lutarem por sua emancipação.

Em agosto de 1987, por ocasião do quarto aniversário do levante revolucionário de Burkina Faso, Sankara ressalta: "A revolução democrática e popular necessita de um povo de convictos, e não de um povo de vencidos, submissos, que sofrem seu destino". Um número cada vez maior de trabalhadores, camponeses e jovens saídos das fileiras desse povo se envolviam na vida social e política de Burkina Faso. Mas, em 15 de outubro de 1987, o capitão Blaise Compaoré lidera um golpe de Estado servindo aos interesses daqueles, no país e fora dele, cujos bens e dominação de classe estavam ameaçados por essa profunda mobilização popular. Sankara e doze de seus colaboradores e guardas presidenciais foram assassinados e o governo revolucionário destruído.

Uma semana antes de sua morte, por ocasião de uma comemoração especial na capital Uagadugu, Sankara falou de Ernesto Che Guevara, o líder da revolução cubana, nascido na Argentina, a propósito do vigésimo aniversário da morte de sua morte, durante uma missão internacionalista na Bolívia. Referindo-se à herança de Che Guevara, disse que, enquanto indivíduos, os revolucionários podem ser mortos, mas "não podem matar as ideias". O próprio Sankara se tornou um símbolo para milhões de trabalhadores, camponeses e jovens africanos, em particular para aqueles que veem na Revolução Burquinabê – e em sua herança política viva até hoje – uma fonte de ideias e de inspiração políticas na batalha pela verdadeira libertação do continente.

* * *

Além do discurso pronunciado por Sankara em 8 de março de 1987, durante o Dia Internacional da Mulher, esta coletânea contém um trecho do documento programático fundamental da revolução, o *Discurso de orientação política* [*Discours d'orientation politique*], apresentado por Sankara à toda a população burquinabê, via rádio e televisão, pouco após o triunfo da revolução. Esses dois documentos são reproduzidos de *Thomas Sankara parle* [*Discursos e entrevistas de Thomas Sankara*], coletânea de discursos e entrevistas do revolucionário africano publicados pela Pathfinder.

Apoiando-se em sua experiência de combatente revolucionário e sua compreensão materialista da história, Sankara explicou naquela ocasião as raízes históricas da opressão das mulheres e por que os revolucionários devem lutar para erradicá-la. Ele dedica especial atenção aos desafios que enfrenta a luta pela emancipação das mulheres na África.

O discurso pronunciado por Sankara em março de 1987 é uma contribuição duradoura para a luta pela emancipação das mulheres. É atual tanto na América do Norte quanto na Europa e na África, e útil para as mulheres e os homens que lutam contra todas as formas de exploração e opressão em todo o mundo.

* * *

Sankara forjou laços de solidariedade entre Burkina Faso e as lutas revolucionárias da América Central e das Antilhas. Em 1986, ele se dirigiu, em nome de todos os convidados internacionais, a uma assembleia de 200 mil pessoas, ressaltando o 25° aniversário da Frente Sandinista de Libertação Nacional.

Pouco depois do assassinato de Sankara, Dorotea Wilson, líder da revolução que derrubou a ditadura de Anastasio Somoza e membro, à época, da Assembleia Nacional da Nicarágua, prestou-lhe a seguinte homenagem:

> Enquanto mulher nicaraguense, cujas raízes ancestrais estão intrinsecamente ligadas à exploração sem piedade de milhões de negros na América Latina e nas Antilhas, considero de grande importância o que Thomas Sankara disse sobre a situação das mulheres em seu país, em seu memorável discurso de 8 de março de 1987. Além de fornecer ali uma explicação sobre as origens históricas da opressão das mulheres, Sankara se refere, em todo o seu discurso, a exemplos específicos do caráter *cotidiano e íntimo* do machismo na sociedade. Seu discurso não é só uma declaração de princípio. Exprime também uma compreensão profunda da luta das mulheres e uma solidariedade militante com elas. Uma luta que, na verdade, diz respeito e envolve toda a humanidade.

A primeira edição em inglês desta coletânea foi publicada em brochura em março de 1990. Edições em francês e em espanhol foram publicadas em 2001. Esta nova edição, em formato de livro, foi impressa com caracteres maiores e mais legíveis. Inclui nova introdução, novo prefácio e um novo índice, os quais ajudarão aquelas e aqueles que estão convencidos de que as palavras de Thomas Sankara merecem ser estudadas.

Michel Prairie
Junho de 2007

Ernest Harsch/The Militant

Uagadugu, Burkina Faso, 8 de março de 1987. Thomas Sankara se dirige a milhares de mulheres por ocasião do Dia Internacional das Mulheres.

A REVOLUÇÃO NÃO PODE SER BEM-SUCEDIDA SEM A EMANCIPAÇÃO DAS MULHERES

8 de março de 1987

Não é comum que um homem tenha que se dirigir a tantas e tantas mulheres ao mesmo tempo. Não é comum, tampouco, que um homem tenha que sugerir a tantas e tantas mulheres as novas batalhas a se engajar. A primeira timidez do homem lhe ocorre desde o momento em que ele tem consciência de que olha para uma mulher. Assim, camaradas militantes, vocês compreenderão que, a despeito da alegria e do prazer que tenho em me dirigir a vocês, permaneço um homem que vê em cada uma de vocês a mãe, a irmã ou a esposa.

Eu gostaria igualmente que nossas irmãs aqui presentes vindas de Kadiogo[2] e que não compreendem o francês – língua estrangeira pela qual pronunciarei meu discurso – sejam indulgentes conosco, como sempre foram, elas que, como nossas mães, aceitaram nos carregar durante nove meses sem reclamar. [*Sankara explica em more*[3] *que uma tradução será oferecida a aquelas mulheres.*]

Camaradas, a noite de 4 de agosto deu à luz a obra mais salutar para o povo de Burkina Faso. Deu a nosso povo um nome, e a nosso país, um horizonte. Irradiados pela seiva vivificante da liberdade, os homens de Burkina Faso, ontem humilhados e proscritos, receberam o selo daquilo que há de mais caro no mundo: a dignidade e a honra. Desde então, a felicidade se tornou acessível e, a cada dia, caminhamos para ela untados pelas lutas, primícias que testemunham os grandes passos que já realizamos. Mas a felicidade egoísta não passa de ilusão e temos uma grande ausente: a mulher. Ela foi excluída dessa feliz procissão.

Se homens já estão na orla do grande jardim da revolução, as mulheres ainda estão confinadas em sua obscuridade despersonalizante, conversando em voz alta ou na surdina sobre as experiências que atravessou Burkina Faso e que, para elas, não passam, por enquanto, de

2. Província do centro de Burkina Faso e que tem por capital Uagadugu.

3. More é o idioma dos mossis, de Burkina Faso.

clamores. As promessas da revolução já são realidades entre os homens. Entre as mulheres, não passam de rumores. E, todavia, é delas que dependem a verdade e o futuro de nossa revolução: questões vitais, questões essenciais, uma vez que nada de completo, de decisivo e de durável poderá ser feito em nosso país enquanto essa importante parte de nós mesmos for mantida na sujeição imposta durante séculos pelos diferentes sistemas de exploração.

Os homens e as mulheres de Burkina Faso devem, daqui por diante, modificar profundamente a imagem que fazem de si mesmos no interior de uma sociedade que não apenas determina novas relações sociais, como provoca uma mutação cultural, transformando as relações de poder entre homens e mulheres, obrigando a ambos os lados repensar sua própria natureza.

É uma tarefa temível, mas necessária, uma vez que se trata de permitir à nossa revolução adquirir toda sua dimensão, liberar todas as suas possibilidades e revelar sua significação autêntica nessas relações imediatas, naturais, necessárias entre homem e mulher, que são as relações mais naturais entre os seres humanos. Eis, portanto, até que ponto o comportamento natural do homem se tornou humano, e até que ponto sua natureza humana se tornou sua natureza.

Esse ser humano, vasto e complexo conglomerado de dores e alegrias, de solidão no abandono, e, entretanto, berço criador da imensa humanidade; esse ser de sofrimento, de frustração e de humilhação, e, no entanto, fonte inesgotável de felicidade para cada um de nós, lugar incomparável de toda afecção, aguilhão das coragens mais inesperadas; esse ser dito frágil, mas força criadora inacreditável dos caminhos que conduzem à honra; esse ser, verdade carnal e certeza espiritual; esse ser, mulheres, são vocês! Vocês, cuidadoras e companheiras de nossa vida, camaradas de nossa luta e que, devido a isso, com toda justiça, devem se impor como parceiras iguais na convivência dos festins das vitórias da revolução.

É a essa luz que todos, homens e mulheres, devemos definir e afirmar o papel e o lugar da mulher na sociedade. Trata-se, portanto, de restituir à humanidade sua verdadeira imagem, fazendo triunfar o reino da liberdade para além das diferenciações naturais, graças à liquidação de todos os sistemas de hipocrisia que consolidam a exploração cínica da mulher.

Margrethe Siem/The Militant

Grevistas em Johannesburgo, África do Sul, em março de 1990.

Juventud Rebelde

Membros do regimento feminino cubano de artilharia antiaérea, atuando em Angola, em 1988, para ajudar o país a se defender contra a invasão de tropas do regime supremacista branco da África do Sul.

"O combate da mulher burquinabê", diz Thomas Sankara, "se associa ao combate universal de todas as mulheres e, além disso, ao combate pela reabilitação total de todo o nosso continente".

Em outros termos, colocar a questão da mulher na sociedade burquinabê de hoje é querer abolir o sistema de escravidão no qual ela foi mantida durante milênios. É principalmente querer compreender esse sistema em seu funcionamento, apreender sua verdadeira natureza, e todas as suas sutilezas, para conseguir encontrar uma linha de ação suscetível de conduzir a uma libertação total da mulher.

Ou seja, para ganhar um combate que é comum à mulher e ao homem, importa conhecer todos os contornos da questão feminina, tanto em escala nacional quanto universal, e compreender como, hoje, o combate da mulher burquinabê se associa ao combate universal de todas as mulheres e, além disso, ao combate pela reabilitação total de nosso continente. A condição da mulher, por conseguinte, é o nó de toda a questão humana – aqui, lá, em toda parte. Tem, portanto, caráter universal.

A luta de classes e o estatuto da mulher no mundo

Devemos ao materialismo dialético, com certeza, ter projetado sobre os problemas da condição feminina a luz mais forte, aquela que nos permite cernir o problema da exploração da mulher no interior de um sistema de exploração generalizado. Aquela que define a sociedade humana não como um fato natural imutável, mas como uma *antiphysis*.

A humanidade não sofre passivamente a força da natureza, mas a assume por sua conta. Essa atitude não é uma operação interior e subjetiva. Efetua-se objetivamente na prática, se a mulher deixa de ser considerada como um simples organismo sexuado, para tomar consciência para além dos dados biológicos de seu valor na ação. Além disso, a consciência de que a mulher tem de si mesma não é definida só por sua sexualidade. Ela reflete uma situação que depende da estrutura econômica da sociedade, que traduz o grau de evolução técnica e das relações entre classes a que chegou a humanidade.

A importância do materialismo dialético é de ter ultrapassado os limites essenciais da biologia, de ter escapado às teses simplistas da sujeição à espécie para introduzir os fatos no contexto econômico e social. Tão longe quanto remonta a história humana, o domínio do homem sobre a natureza jamais se realizou diretamente, a corpo nu. A mão, com seu polegar preênsil, já se prolonga para o instrumento que multiplica seu poder. Não foram, portanto, apenas seus dados físicos – a musculatura, a capacidade de parir, por exemplo, que consagraram a desigualdade de estatuto entre o homem e a mulher. Não foi tampouco a evolução técnica enquanto tal que a confirmou. Em certos casos, e em certas partes do globo, a mulher foi capaz de anular a diferença física que a separa do homem.

É a passagem de uma forma de sociedade a outra que justifica a institucionalização dessa desigualdade. Uma desigualdade produzida pelo espírito e por nossa inteligência para realizar a dominação e a exploração concretizadas, representadas e vividas, daí por diante, pelas funções e pelos papéis aos quais submetemos a mulher. A maternidade, a obrigação social de estar de acordo com os cânones daquilo que os homens desejam como elegância impedem a mulher que desejasse desenvolver para si uma musculatura dita do homem.

Durante milênios, do Paleolítico à Era do Bronze, as relações entre os sexos foram consideradas, pelos paleontólogos, como as mais qualificadas de complementaridade positiva. Essas relações permaneceram durante oito milênios sob o ângulo da colaboração e da interferência, e não sob aquele da exclusão própria ao patriarcado absoluto aproximadamente generalizado na época histórica.

[Friedrich] Engels constatou a evolução das técnicas, mas também da sujeição histórica da mulher, condição que nasceu com a aparição da propriedade privada, em favor da passagem de um modo de produção ao outro, de uma organização social à outra.

Com o trabalho intensivo exigido para desbastar a floresta, semear os campos, tirar o máximo partido da natureza, intervém a divisão das tarefas. O egoísmo, a preguiça, a facilidade, em suma, o maior lucro pelo o mínimo esforço, revelam as profundezas do ser humano e se erigem em princípios. A ternura protetora da mulher em relação à família e ao clã se tornam a armadilha que a entrega à dominação do macho. A inocência e a generosidade são vítimas da dissimulação e de cálculos crapulosos. O amor é desprezado. A dignidade é despedaçada. Todos os verdadeiros sentimentos se transformam em objetos de comércio. Desde então, o senso de hospitalidade e de partilha das mulheres sucumbe ao ardil dos pilantras.

Embora consciente dessa pilantragem que rege a divisão desigual de tarefas, ela, a mulher, segue o homem para cuidar e criar tudo o que ela ama. Ele, o homem, superexplora tanta doação. Mais tarde, o germe da exploração culposa instala regras atrozes, ultrapassando as concessões conscientes da mulher, historicamente traída.

A humanidade descobre a escravidão juntamente com a propriedade privada. O homem, dono de seus escravos e da terra, é também proprietário da mulher. Aí reside a grande derrota histórica do sexo feminino. Ela se explica pela transformação da divisão do trabalho, pelo surgimento de novos modos de produção e de uma revolução nos meios de produção.

O direito paternal substitui, então, o direito maternal. A transmissão do domínio se faz de pai para filho, e não mais da mulher para o clã. É o surgimento da família patriarcal baseada na propriedade pessoal e única do pai, que se torna chefe da família. Nessa família, a mulher é oprimida. Reinando como soberano, o homem satisfaz seus caprichos sexuais, acasala com escravas ou cortesãs. As mulheres se tornam seu butim e suas conquistas de mercado. Aproveita-se da força de trabalho delas e goza da diversidade de prazer que elas proporcionam.

Por seu lado, desde que os senhores tornam a recíproca possível, a mulher se vinga por meio da infidelidade. Assim, o casamento se completa naturalmente pelo adultério. É a única defesa da mulher contra a escravidão doméstica na qual é mantida. A opressão social é aqui a expressão da opressão econômica.

Em semelhante ciclo de violência, a desigualdade só terminará com o advento de uma nova sociedade, ou seja, quando homens e mulheres usufruírem de direitos sociais iguais, resultados de transformações ocorridas nos meios de produção, assim como em todas as relações sociais. Do mesmo modo, a sina da mulher só melhorará com a liquidação do sistema que a explora.

Com efeito, através dos tempos e em toda parte onde triunfou o patriarcado, houve um estreito paralelismo entre a exploração de classes e a dominação das mulheres. É claro, com períodos mais esclarecidos, em que mulheres, sacerdotisas ou guerreiras, romperam a cúpula opressiva. Mas o essencial, tanto no âmbito da prática cotidiana quanto na repressão intelectual e moral, sobreviveu e se consolidou. Destronada pela propriedade privada, expulsa de si mesma, rebaixada ao nível de ama e serva, tornada não essencial pelas filosofias – Aristóteles, Pitágoras e outros – e pelas religiões mais estabelecidas, desvalorizada pelos mitos, a mulher partilhava a sorte do escravo, que, na sociedade escravista, não passava de uma besta de carga com rosto humano.

Nada surpreendente, portanto, que, em sua fase conquistadora, o capitalismo, para o qual os seres humanos não passavam de cifras, tenha sido o sistema econômico que explorou a mulher com mais cinismo e mais refinamento. Era o caso, ao que se relata, do fabricante da época que só empregava mulheres em suas oficinas de teares mecânicos. Dava preferência às mulheres casadas e, entre elas, àquelas que tinham uma família para sustentar, pois eram mais atenciosas e dóceis do que as celibatárias, trabalhando até o esgotamento para proporcionar aos seus dependentes os meios de subsistência indispensáveis. Foi desse modo que as qualidades próprias às mulheres foram falseadas em seu detrimento e que todos os elementos morais e delicados de sua natureza se tornam meios de sujeitá-la. Sua ternura, o amor pela família, a meticulosidade que ela traz para seu trabalho são utilizados contra ela, todos sendo equiparados aos defeitos que ela pode ter.

Assim, através dos tempos e dos tipos de sociedade, a mulher conheceu um triste destino: o da desigualdade contínua em relação ao homem. Que as manifestações dessa desigualdade tenham assumido características e contornos diversos, ainda assim essa desigualdade permaneceu a mesma.

Na sociedade escravista, o homem escravo era considerado como um animal, um meio de produção de bens e serviços. A mulher, qualquer que fosse seu nível, era esmagada no interior de sua própria classe e fora dela, mesmo para aquelas que pertenciam às classes exploradoras. Na sociedade feudal, baseando-se nas supostas fraquezas física e psicológica das mulheres, elas foram confinadas em uma dependência absoluta do homem. Com frequência considerada como objeto de mácula ou principal agente de indiscrição, a mulher, em raras exceções, era afastada dos locais de culto. Na sociedade capitalista, a mulher já é moral e socialmente perseguida e economicamente dominada. Sustentada pelo homem quando não trabalha, ela o é ainda mesmo quando se mata de trabalhar. Nunca é demais lançar luz sobre a miséria das mulheres e demonstrar, com ênfase, que ela é similar à miséria dos proletários.

A especificidade da opressão das mulheres

Solidária do homem explorado, a mulher o é. Todavia, essa solidariedade na exploração social de que homens e mulheres são vítimas e que ligam a sorte de ambos à história não deve fazer perder de vista o fato específico da condição feminina. A condição da mulher ultrapassa as entidades econômicas, singularizando a opressão da qual é vítima. Essa singularidade nos proíbe de estabelecer equações que nos levem a reduções fáceis e infantis. Sem dúvida, na exploração, a mulher e o operário são mantidos em silêncio. Mas, no sistema estabelecido, a mulher do operário deve outro silêncio ao operário que tem como marido. Em outros termos, à exploração de classe que lhes é comum, acrescentam-se para as mulheres relações singulares com o homem, relações de opressão e de agressão que tomam pretexto em diferenças físicas para se impor.

É preciso admitir que a assimetria entre os sexos é o que caracteriza a sociedade humana, e que essa assimetria define relações soberanas que não nos autorizam a ver na mulher, mesmo no âmbito da produção econômica, simplesmente uma trabalhadora. Relações privilegiadas, perigosas, que fazem com que a questão da condição da mulher se coloque sempre como um problema.

Por conseguinte, o homem parte do pretexto da complexidade dessas relações para semear a confusão entre as mulheres e se aproveitar de todas as astúcias da exploração de classes para manter sua dominação sobre as mulheres. Dessa mesma maneira, aliás, homens dominaram outros homens, porque conseguiram impor a ideia de que, em nome da origem da família e do nascimento, do direito divino, alguns homens eram superiores aos outros. Daí o reino feudal. Desse mesmo modo, de resto, outros homens conseguiram sujeitar povos inteiros, pois a origem e a explicação da cor de sua pele era uma justificação que eles pretendiam ser científica a fim de dominar aqueles que tinham a infelicidade de ser de outra cor. Trata-se do reino colonial. É o *apartheid*.

Não podemos não estar atentos a essa situação das mulheres, pois é ela que leva as melhores delas a falar de guerra dos sexos, quando se trata de uma guerra de clãs e de classes a ser conduzida em conjunto, em complementaridade. Mas é preciso admitir que é, sim, a atitude dos homens que torna possível semelhante obliteração das significações e autoriza, dessa maneira, todas as audácias semânticas do feminismo, algumas das quais não foram inúteis no combate que homens e mulheres conduzem contra a opressão. Combate que podemos ganhar, que ganharemos se reencontrarmos nossa complementaridade, se soubermos que somos necessários e complementares, se soubermos, enfim, que estamos condenados à complementaridade.

Por ora, é preciso reconhecer que o comportamento masculino – constituído de vaidades, irresponsabilidades, arrogâncias e violências de todo tipo em relação à mulher – não pode desembocar em uma ação coordenada contra a opressão desta. E o que dizer dessas atitudes que chegam ao grau da animalidade e que não passam, na verdade, de uma válvula de escape dos machos oprimidos, os quais, por meio de suas brutalidades contra suas mulheres, esperam recuperar, por sua conta, uma humanidade que o sistema de exploração lhes negou. A animalidade masculina se chama sexismo, ou machismo – formas de indigência intelectual e moral, ou mesmo de impotência física, mais ou menos declarada, as quais, com frequência, obrigam as mulheres politicamente conscientes a considerar como um dever a necessidade de lutar em duas frentes.

Para lutar e vencer, as mulheres devem se identificar com as camadas e classes sociais oprimidas: operários, camponeses etc. Um homem, por mais oprimido que seja, encontra um ser a oprimir: sua mulher. Isso consiste em afirmar uma terrível realidade. Quando falamos do ignóbil sistema de *apartheid*, é para os negros explorados e oprimidos que se voltam nosso pensamento e nossa emoção. Mas esquecemos, infelizmente, a mulher negra que é submetida ao seu homem, o mesmo homem que, munido de seu *passbook*[4], entrega-se a infidelidades antes de ir ao encontro daquela que o esperou dignamente, no sofrimento e no despojamento. Pensemos também na mulher branca da África do Sul, aristocrata, materialmente provida, certamente, mas infelizmente máquina de prazer desses homens brancos lúbricos que, para esquecer seus malfeitos contra

---

4. Durante o regime de *apartheid* na África do Sul, entre 1948-1994, o *passbook* foi um documento de identificação obrigatório para pessoas não brancas e servia de instrumento de controle racial, restrição de circulação e permissão para trabalhar em determinados territórios. (N. E.)

os negros, só dispõem de sua embriaguez desordenada e perversa de relações sexuais bestiais.

Além disso, não faltam exemplos de homens, embora progressistas, que vivem alegremente no adultério, mas que estariam dispostos a assassinar sua mulher por uma mera suspeita de infidelidade. São muitos entre nós esses homens que buscam as chamadas consolações nos braços de prostitutas e cortesãs de todos os tipos. Sem esquecer os maridos irresponsáveis cujos salários só servem para manter as amantes e enriquecer estabelecimentos de bebidas.

E o que dizer desses homenzinhos, também eles progressistas, que se encontram em um ambiente lascivo para falar de mulheres das quais abusaram. Acreditam, assim, ficar à altura de seus semelhantes homens, quando não os humilhar quando se apossam de mulheres casadas. Na verdade, são homúnculos lamentáveis, dos quais teríamos evitado falar se seu comportamento de delinquentes não colocasse em questão tanto a virtude quanto a moral de mulheres de grande valor que teriam sido extremamente úteis para nossa revolução.

E depois todos esses militantes mais ou menos revolucionários – bem menos revolucionários do que mais – que não aceitam que suas esposas militem, ou só as aceitam para a militância de dia; que batem em suas mulheres porque se ausentaram para reuniões ou manifestações à noite. Ah! Esses desconfiados, ciumentos! Que pobreza de espírito e que engajamento condicional, limitado! Pois seria só à noite que uma mulher decepcionada e decidida poderia trair seu marido? E que engajamento é esse que quer que a militância se interrompa com o cair da noite, para só retomar seus direitos e exigências no nascer do dia?

E o que pensar, enfim, de todas essas afirmações na boca dos militantes mais revolucionários a respeito das mulheres? Afirmações como "vilmente materialistas, aproveitadoras, atrizes, mentirosas, fofoqueiras, intrigantes, ciumentas etc. etc.". Tudo isso talvez seja verdadeiro para as mulheres, mas também igualmente verdadeiro para os homens. Nossa sociedade poderia ser menos perversa do que isso, quando, com seus métodos, sufoca as mulheres, as afasta de tudo o que é considerado sério, determinante, ou seja, acima das relações subalternas e mesquinhas?

Quando se é condenado, como o são as mulheres, a esperar seu senhor e marido para lhe dar de comer e dele receber autorização para falar e viver, não se tem mais para se ocupar e criar uma ilusão de utilidade ou de importância que os olhares, as reportagens, as fofocas, as intrigas, os olhares oblíquos e invejosos, seguidos de maledicência sobre a vaidade dos outros e de sua vida privada. As mesmas atitudes se encontram entre os homens situados nas mesmas condições.

Das mulheres, dizemos também, infelizmente, que são esquecidas. Nós as qualificamos mesmo de "cabeças de vento". Não esqueçamos jamais, no entanto, que, dominada, ou mesmo atormentada, pelo esposo leviano, pelo marido infiel e irresponsável, pela criança e seus problemas, massacrada, enfim, pelo cuidado com toda a família, a mulher nessas condições só pode ter olhos perdidos que refletem a ausência e a distração do espírito. O esquecimento, para ela, torna-se um antídoto à dor, uma atenuação dos rigores da existência, uma proteção vital.

Mas também há muitos homens esquecidos. Uns no álcool e nos entorpecentes, outros em diversas formas de perversidade às quais se entregam no curso da vida. No entanto, ninguém jamais diz que esses homens são esquecidos. Quanta vaidade, quanta banalidade! Banalidades pelas quais se gabam para marcar essas debilidades do universo masculino. Pois o universo masculino, em uma sociedade de exploração, precisa de mulheres prostituídas. Aquelas que se sujam e se sacrificam depois do uso no altar da prosperidade de um sistema de mentiras e de rapinas: não passam de bodes expiatórios.

A prostituição não é senão a quintessência de uma sociedade em que a exploração é erigida em regra. Simboliza o desprezo do homem pela mulher. Dessa mulher que não é senão a figura dolorosa da mulher, da irmã ou da esposa de outros homens – portanto, de cada um de nós. É em definitivo o desprezo inconsciente que temos por nós mesmos. Só existem prostitutas ali onde existem "prostituidores" e proxenetas.

Mas quem frequenta a prostituta?

Há, em primeiro lugar, maridos que querem que suas esposas permaneçam na castidade, para descarregar na prostituta sua torpeza e seus desejos de estupro. Isso lhes permite conceder um respeito aparente às suas esposas, ao mesmo tempo em que revelam sua verdadeira natureza no colo da chamada "moça alegre". Assim, no plano moral, a prostituição é o oposto simétrico do casamento. Parece haver uma acomodação, nos ritos e costumes, nas religiões e nas morais. É o que os padres da Igreja exprimiam dizendo que "é preciso esgotos para garantir a salubridade dos palácios".

Há, em segundo lugar, os gozadores impenitentes e intemperantes, que temem assumir a responsabilidade de um lar com suas turbulências e que fogem dos encargos morais e materiais de uma paternidade. Eles exploram então a habilidade discreta de um bordel como o filão precioso de uma ligação sem consequências.

Há também a coorte de todos aqueles que publicamente, pelo menos e nos lugares "bem-pensantes", entregam a mulher à execração – seja por um despeito que eles não tiveram a coragem de transcender, perdendo confiança, assim, em toda mulher, declarada *instrumentum diabolicum*; seja por hipocrisia por ter, com muita frequência e de maneira peremptória, proclamado contra o sexo feminino um desprezo que eles se esforçam por assumir aos olhos da sociedade, da qual extorquiram a admiração por meio da falsa virtude.

Todos noturnamente fracassam nos lupanares de maneira reiterada até que sua farsa seja descoberta.

Há ainda a fraqueza do homem que se encontra em sua busca de situações poliândricas. Longe de nós toda ideia de juízo de valor sobre a poliandria, essa forma de relações entre o homem e a mulher que algumas civilizações privilegiaram. Mas, nos casos que denunciamos, retenhamos esses parques de gigolôs cúpidos e desocupados mantidos fartamente por damas ricas.

Nesse mesmo sistema, no plano econômico, a prostituição pode confundir prostituta com mulher casada "materialista". Entre aquela que vende seu corpo pela prostituição e aquela que se vende no casamento, a única diferença consiste no preço e na duração do contrato.

Desse modo, ao tolerar a existência da prostituição, rebaixamos todas as mulheres ao mesmo plano, prostitutas ou casadas. A única diferença é que a mulher legítima, mesmo sendo oprimida enquanto esposa, beneficia-se pelo menos do selo da honorabilidade que confere o casamento. Quanto à prostituta, só resta a apreciação mercantil de seu corpo, apreciação que flutua ao sabor dos valores das bolsas falocráticas.

Será ela apenas um artigo que se valoriza ou desvaloriza em função do grau de deterioração de seus charmes? Não será ela regida pela lei da oferta e da demanda? A prostituição é um resumo trágico e doloroso de todas as formas de escravidão feminina. Por conseguinte, devemos ver em cada prostituta o olhar acusador voltado para a sociedade como um todo. Cada proxeneta, cada parceiro de prostituta gira uma faca nessa ferida purulenta e gritante que torna o mundo dos homens mais feio e o conduz à sua perda. Logo, ao combater a prostituição, salvamos nossas mães, irmãs e mulheres dessa lepra social. Salvamos a nós mesmos. Salvamos o mundo.

A condição da mulher em Burkina Faso

Se, no entendimento da sociedade, o menino que nasce é um "dom de Deus", o nascimento de uma menina é acolhido como uma fatalidade, ou, no máximo, como um presente que servirá para produzir alimentos e para reproduzir o gênero humano.

Ao pequenino, será ensinado a querer e obter, a dizer e ser servido, a desejar e a tomar, a decidir sem apelo. À futura mulher, a sociedade, como um só homem – e é bem o lugar para colocá-lo –, assenta e inculca normas sem saída. Espartilhos psíquicos chamados de virtudes criam nela um espírito de alienação pessoal, desenvolvem nessa criança a preocupação de proteção e a predisposição às alianças tutelares e aos arranjos matrimoniais. Que monstruosa fraude mental!

Assim, criança sem infância, a menina, desde os três anos de vida, deverá responder à sua razão de ser: *servir* e *ser útil*. Enquanto seu irmão, de quatro, cinco ou seis anos, brincará até o esgotamento ou o tédio, ela entrará sem qualquer alívio no processo de produção. Já terá um ofício: assistente doméstica. Ocupação sem remuneração, com certeza, pois, não se diz, em geral, de uma mulher em casa que ela "não faz nada"? Não se inscreve nos documentos de identidade das mulheres não remuneradas a mentira "dona de casa" para dizer que elas não têm emprego? Que "não trabalham"? Com os ritos e as obrigações de submissão, nossas irmãs crescem cada vez mais dependentes, cada vez mais dominadas, mais e mais exploradas, com cada vez menos lazer e tempo livre.

Enquanto o rapaz encontrará em seu caminho ocasiões para se desenvolver e se assumir, a camisola de força social encerrará cada vez mais a moça, em cada etapa de sua vida. Por ter nascido menina, ela pagará um pesado tributo durante toda sua vida, até que o peso do trabalho e os efeitos do esquecimento de si – física e mentalmente – a conduzam ao dia do grande repouso. Fator de produção ao lado de sua mãe, a menina jamais ficará sentada sem fazer nada, jamais entregue a seus jogos e brinquedos, como ele, seu irmão.

Para qualquer lado que nos voltemos – do planalto central ao nordeste em que as sociedades de poder fortemente centralizado predominam, a oeste, onde vivem comunidades de aldeias de poder não centralizado, ou ao sudoeste, território das chamadas coletividades segmentares –, a organização social tradicional apresenta pelo menos um ponto em comum: a subordinação das mulheres. Nesse domínio, nossas 8 mil aldeias, nossas 600 mil concessões e nosso mais de 1 milhão de lares observam comportamentos idênticos ou similares. Aqui e ali, o imperativo da coesão social definida pelos homens é a submissão das mulheres e a subordinação dos mais novos.

Nossa sociedade – ainda muito primitivamente agrária, patriarcal e poligâmica – faz da mulher um objeto de exploração por sua força de trabalho e de consumo por sua função de reprodução biológica. Como a mulher vive essa curiosa identidade dupla: a de ser o nó vital que solda todos os membros da família; aquela que garante, por meio de sua presença e atenção, a unidade fundamental; e aquela do ser marginalizado, ignorado? Uma condição híbrida, se é que é, cujo ostracismo imposto só encontra igual no estoicismo da mulher. Para viver em harmonia com a sociedade dos homens, para se conformar à ditadura dos homens, a mulher se fechará em uma ataraxia aviltante, negativista, por meio da doação de si.

Mulher fonte da vida, mas mulher-objeto. Mãe, mas empregada doméstica. Mulher que alimenta, mas mulher-álibi. Adaptável aos campos e tendo de prestar corveia no lar, embora figurante sem rosto e sem voz. Mulher-dobradiça, mulher confluente, mas mulher acorrentada. Mulher-sombra à sombra masculina.

Pilar do bem-estar familiar, ela é parideira, lavadeira, babá, cozinheira, mensageira, matrona, agricultora, curandeira, verdureira, piladora, vendedora, operária. É uma força de trabalho com ferramentas ultrapassadas, acumulando centenas de milhares de horas para rendimentos desesperadores.

Já nas quatro frentes de combate contra a doença, a fome, o despojamento, a degenerescência, nossas irmãs sofrem todos os dias a pressão das mudanças sobre as quais não têm poder. Quando cada um de nossos 800 mil migrantes masculinos partem, uma mulher assume um acréscimo de trabalho. Assim, os 2 milhões de burquinabês que residem fora do território nacional contribuíram para agravar o desequilíbrio da *sex ratio*, a qual, hoje, faz com que as mulheres constituam 51,7% da população total. Da população residente potencialmente ativa, elas são 52,1%.

Muito ocupada para dedicar a atenção devida aos filhos, demasiado exausta para pensar em si mesma, a mulher continuará a ralar: roda da fortuna, roda de fricção, roda motriz, estepe, roda-gigante. Espancadas e subjugadas, as mulheres – nossas irmãs e esposas – pagam por ter dado a vida. Socialmente relegadas ao terceiro lugar, depois do homem e da criança, pagam para sustentar a vida. Também aqui, um terceiro mundo é arbitrariamente mantido em seu lugar para ser dominado, para ser explorado.

Dominada e transferida de uma tutela exploradora para uma tutela dominadora e ainda mais exploradora. Primeira no trabalho e última no repouso. Primeira no poço e para pegar lenha, para acender o fogo, mas última a estancar suas sedes. Só é autorizada a comer depois do homem, e quando resta algo. Pedra angular da família, mantendo sobre seus ombros, em suas mãos e por meio de seu ventre, essa família e a sociedade, a mulher é paga com ideologia natalista opressiva, tabus e proibições alimentares, excesso de trabalho, desnutrição, grosserias perigosas, despersonalização e inúmeros outros males que fazem da mortalidade materna uma das perversões mais intoleráveis, mais indizíveis, mais vergonhosas de nossa sociedade.

A respeito desse substrato alienante, a invasão de cobiçosos vindos de longe contribuiu para fermentar a solidão entre as mulheres e precarizar sua condição. A euforia da independência esqueceu a mulher no leito das esperanças castradas. Segregada nas deliberações, ausente das decisões, vulnerável e, portanto, vítima preferida, ela continuou a sofrer a família e a sociedade. O capital e a burocracia contribuíram para manter a mulher subjugada. O imperialismo fez o restante.

Duas vezes menos escolarizadas do que os homens – 99% delas são analfabetas –, pouco formadas nos ofícios, discriminadas no emprego, limitadas às funções subalternas, as primeiras a serem atacadas e demitidas, as mulheres, sob o peso de cem tradições e mil desculpas, continuaram a vencer os sucessivos desafios. Precisavam permanecer ativas, custasse o que custasse, para as crianças, para a família e para a sociedade. Ao longo de mil noites sem aurora.

O capitalismo tinha necessidade de algodão, de karité, de sésamo para suas indústrias. E foi a mulher, foram nossas mães, as quais, além do que elas já faziam, viram-se encarregadas de realizar a colheita. Nas cidades, onde se supunha estar a civilização emancipadora da mulher, esta se viu obrigada a decorar os salões dos burgueses, vender seu corpo para viver ou servir de atrativo comercial nas produções publicitárias.

No plano material, as mulheres da pequena burguesia das cidades vivem sem dúvida melhor do que as mulheres de nossos campos. Mas serão elas mais livres, mais emancipadas, mais respeitadas, mais responsáveis? Há aqui mais do que uma questão a colocar. Há uma afirmação a fazer. Muitos problemas permanecem. Quer se trate do emprego ou do acesso à educação, quer se trate do estatuto da mulher nos textos legislativos ou na vida concreta de todos os dias, a mulher burquinabê ainda permanece aquela que vem depois do homem, e não com ele.

Os regimes políticos neocoloniais que se sucederam em Burkina limitaram-se a uma abordagem burguesa da questão da emancipação da mulher – uma abordagem que não passa de ilusão de liberdade e dignidade. Só algumas mulheres da pequena burguesia das cidades estavam preocupadas com a política da moda da condição feminina ou, antes, do feminismo primário, que reivindica para a mulher o direito de ser masculina. Assim, a criação do Ministério da

Condição Feminina, dirigido por uma mulher, foi caracterizada como uma vitória.

Mas tinha-se realmente consciência dessa condição feminina? Tinha-se consciência de que a condição feminina é a condição de 52% da população burquinabê? Sabia-se que essa condição era determinada pelas estruturas sociais, políticas, econômicas e pelas concepções retrógradas dominantes? E que, por conseguinte, a transformação dessa condição não poderia ser tarefa de um só ministério, mesmo que dirigido por uma mulher?

Tanto isso é verdade, que as mulheres de Burkina Faso puderam constatar, após vários anos de existência desse ministério, que nada havia mudado em sua condição. E não poderia ser de outro modo, uma vez que o enfoque da questão da emancipação das mulheres que levou à criação de um ministério álibi, o qual se recusava a ver e a evidenciar, a fim de levar em conta, as verdadeiras causas da dominação e da exploração da mulher. Desse modo, não devemos nos surpreender que, a despeito da existência desse ministério, a prostituição tenha se desenvolvido, que o acesso das mulheres à educação e ao emprego não melhorou, que os direitos cívicos e políticos das mulheres permaneceram ignorados, que as condições de existência das mulheres, tanto na cidade como no campo, não tenham de modo algum melhorado.

Mulher-joia, mulher-álibi político no governo, mulher sereia clientelista nas eleições, mulher-robô na cozinha, mulher frustrada pela resignação e pelas inibições impostas, a despeito de sua abertura de espírito: qualquer que seja seu lugar no espectro da dor, qualquer que seja sua maneira urbana ou rural de sofrer, ela continua sofrendo.

Mas uma só noite levou a mulher ao centro do desenvolvimento familiar e ao centro da solidariedade nacional. Portadora de liberdade, a aurora consecutiva de 4 de agosto de 1983 lhe fez eco para que juntos, iguais, solidários e complementares, caminhássemos lado a lado, em um só povo. A revolução de agosto encontrou a mulher burquinabê em sua condição de submissa e explorada por uma sociedade neocolonial influenciada pela ideologia das forças retrógradas. Ela precisava romper com a política reacionária, defendida e seguida até então em matéria de emancipação da mulher, definindo de maneira clara uma nova política, justa e revolucionária.

Nossa revolução e a emancipação da mulher

Em 2 de outubro de 1983, o Conselho Nacional da Revolução (CNR), enunciou claramente, em seu *Discurso de orientação política* [*Discours d'orientation politique*], o eixo principal do combate da libertação da mulher, empenhando-se em trabalhar para a mobilização, a organização e a união de todas as forças vivas da nação – e da mulher, em particular.

A propósito da mulher, o *Discurso de orientação política* especificava:

> Ela estará associada a todos os combates que tivermos que empreender contra os diversos entraves da sociedade neocolonial e para a edificação de uma nova sociedade. Estará associada a todos os níveis de concepção, de decisão e de execução na organização da vida da nação como um todo. O objetivo final desse grandioso empreendimento é o de construir uma sociedade livre e próspera, na qual a mulher será igual ao homem em todos os domínios.

Não pode haver maneira mais clara de conceber e enunciar a questão da mulher e da luta emancipadora que nos aguarda.

> A verdadeira emancipação da mulher é aquela que atribui responsabilidade à mulher, que a associa às atividades produtoras, aos diferentes combates aos quais o povo é confrontado. A verdadeira emancipação da mulher é aquela que força a consideração e o respeito dela pelo homem.

Isso indica, camaradas militantes, que o combate pela libertação da mulher é, antes de tudo, vosso combate para o reforço da revolução democrática e popular, a revolução que vos confere agora a palavra e o poder de dizer e de agir para a edificação de uma sociedade de justiça e de igualdade, na qual a mulher e o homem têm os mesmos direitos e os mesmos deveres. A revolução democrática e popular criou as condições de semelhante combate libertador. Cabe a vós, doravante, agir com toda a responsabilidade para, de um lado, romper todas as cadeias e entraves que subjugam as mulheres nas sociedades atrasadas, como a nossa, e, de outro lado, assumir a parte de responsabilidade que é a vossa na política de edificação da nova sociedade, em prol da África e em prol de toda a humanidade.

Nas primeiras horas da revolução democrática e popular, nós dizíamos: "A emancipação e a liberdade não se outorgam. Elas são conquistadas. E incumbe às próprias mulheres apresentar suas reivindicações, para que seus golpes sejam mais cortantes e possam trazer cada vez mais vitórias".

Reunião em Burkina Faso durante a revolução, em solidariedade à luta de libertação da Namíbia, então colônia do regime racista de *apartheid* da África do Sul.

Tecelã em Babore, Burkina Faso, em meados dos anos 1980.

Margaret A. Novicki/Africa Report

Em breve fará quatro anos que trabalhamos juntos, homens e mulheres, para obter vitórias e avançar para o objetivo final. Precisamos ter consciência das batalhas empreendidas, dos sucessos obtidos, dos fracassos sofridos e das dificuldades encontradas para preparar e dirigir, com ainda maior empenho, os combates futuros. Que obra foi realizada pela revolução democrática e popular na emancipação da mulher? Que êxitos e que falhas?

Uma das principais conquistas de nossa revolução na luta pela emancipação da mulher, sem contestação, foi a criação da UFB, Union des femmes du Burkina Faso [União das Mulheres de Burkina Faso][5]. A criação dessa organização constitui uma conquista importante, pois permitiu oferecer às mulheres de nosso país os meios seguros para conduzir vitoriosamente o combate. A criação da UFB é uma grande vitória ao possibilitar a união do conjunto das mulheres militantes em torno de objetivos precisos, justos, para o combate libertador, sob a direção do Conselho Nacional da Revolução.

A UFB é a organização das mulheres militantes e responsáveis, determinadas a trabalhar para transformar [a realidade], a lutar para ganhar, a cair e voltar a cair, mas a se levantar a cada vez para avançar sem

5. Manteve-se em francês por causa da sigla, UFB. O termo *union* poderia ser traduzido por *sindicato*, mas, nesse caso, o *união* parece fazer mais jus ao tipo de movimento criado [N.T.].

recuar. Está é uma nova consciência que germinou entre as mulheres de Burkina Faso e devemos todos nos orgulhar disso. Camaradas militantes, a UFB é vossa organização de combate. Cabe a vós afiá-la ainda mais para que seus golpes sejam mais cortantes e vos permita obter um número cada vez maior de vitórias.

As diferentes iniciativas que o governo empreendeu de pouco mais de três anos para cá pela emancipação da mulher são certamente insuficientes, mas permitiram percorrer uma parte do caminho, a um ponto que nosso país pode se apresentar hoje na vanguarda do combate libertador da mulher. Nossas mulheres participam cada vez mais das tomadas de decisão, no exercício efetivo do poder popular. As mulheres de Burkina Faso estão em toda parte onde se constrói o país. Estão nos canteiros de obras: o [projeto de irrigação do vale do] Sourou, o reflorestamento, o comando de vacinação, as operações "cidades limpas", a batalha do trilho etc.

Progressivamente, as mulheres de Burkina Faso se afirmam e se impõem, afastando desse modo todas as concepções falocráticas e passadistas dos homens. E será assim até que a mulher em Burkina Faso esteja presente em toda parte no tecido social e profissional. Nossa revolução, durante seus três anos e meio, trabalhou para a eliminação progressiva das práticas desvalorizadoras da mulher, como a prostituição e similares, como a vagabundagem e a delinquência juvenil feminina, o casamento forçado, a excisão e as condições de vida particularmente difíceis da mulher.

Ao contribuir para resolver, em toda parte, o problema da água, ao contribuir também para a instalação de moinhos nas aldeias, ao popularizar os lares melhorados, ao criar corpos de guarda populares, ao praticar a vacinação no cotidiano, ao estimular a alimentação sadia, abundante e variada, a revolução contribui, sem dúvida alguma, para melhorar as condições de vida da mulher burquinabê. Igualmente, esta deve se empenhar mais na aplicação das palavras de ordem anti-imperialistas, a produzir e consumir de maneira burquinabê, afirmando-se sempre como um agente econômico de primeiro plano – produtora como consumidora dos produtos locais.

A Revolução de Agosto sem dúvida fez bastante pela emancipação da mulher, mas isso está longe de ser satisfatório. Resta-nos muito a fazer. Para melhor realizar o que nos resta fazer, precisamos estar mais conscientes das dificuldades a vencer. Os obstáculos e as dificuldades são muitos. Em primeiríssimos lugares o analfabetismo e o fraco nível de consciência política, acentuados pela influência muito grande das forças retrógradas em nossas sociedades atrasadas. Devemos trabalhar com perseverança para vencer esses dois principais obstáculos. Pois, enquanto as mulheres não tiverem uma consciência clara da justiça do combate político a conduzir e dos meios a serem empregados, corremos o risco de patinar e, finalmente, retroceder.

Eis porque a UFB deverá desempenhar plenamente o papel que é o seu. As mulheres da UFB devem trabalhar para superar suas próprias insuficiências, romper com as práticas e o comportamento que sempre se considerou adequado às mulheres e que, infelizmente, ainda podemos verificar todos os dias pelas afirmações e comportamentos de muitas delas. Trata-se de todas essas mesquinharias, como o ciúme, o exibicionismo, as críticas incessantes, gratuitas, negativas e sem princípios, a crítica pejorativa umas às outras, o subjetivismo à flor da pele, as rivalidades etc. Uma mulher revolucionária deve vencer semelhantes comportamentos, particularmente acentuados entre aquelas da pequena burguesia. São de natureza a comprometer todo trabalho de grupo, ao passo que o próprio combate para a libertação da mulher é um trabalho organizado e que, por conseguinte, necessita da contribuição do conjunto das mulheres.

Juntos, devemos sempre velar pelo acesso da mulher ao trabalho – esse trabalho emancipador e libertador que garantirá à mulher a independência econômica, um papel social mais importante e um conhecimento mais justo e mais completo do mundo.

Nosso entendimento do poder econômico da mulher deve se afastar da cupidez vulgar e da avidez materialista crassa que fazem de algumas mulheres bolsas de valores especulativas, cofres ambulantes. Trata-se dessas mulheres que perdem toda dignidade, todo controle e todo princípio desde que o tilintar das joias se manifesta ou que o farfalhar das notas se faz ouvir. Dessas mulheres, há algumas, infelizmente, que conduzem homens aos excessos de endividamento, ou mesmo de extorsão, de corrupção. Essas mulheres são perigosas lamas grudentas, fétidas, que prejudicam a flama revolucionária de seus maridos ou companheiros militantes. Casos tristes existem em que ardores revolucionários foram extintos e em que o engajamento do marido foi desviado da causa do povo por uma mulher egoísta e rabugenta, ciumenta e invejosa.

A educação e a emancipação econômica, se não forem bem compreendidas e utilmente orientadas, podem ser fontes de infelicidade para a mulher e, portanto, para a sociedade. Buscadas como amantes, tomadas como esposas para o melhor, elas são abandonadas desde que sobrevém o pior. O juízo difundido é implacável para elas: a intelectual "se coloca mal" e a riquíssima é suspeita. Todas estão condenadas a um celibato, que não seria grave se não fosse a expressão mesma de um ostracismo difuso de toda uma sociedade contra pessoas, vítimas inocentes porque elas ignoram tudo de seu "crime" e de sua "tara", frustradas porque cada dia apaga uma afetividade que se transforma em rabugice ou em hipocondria. Em muitas mulheres, o grande saber provocou decepções e a grande fortuna alimentou muitos infortúnios.

A solução a esses paradoxos aparentes reside na capacidade das infelizes instruídas ou ricas em pôr a serviço de seu povo sua grande instrução, suas grandes riquezas. Elas só serão mais apreciadas, até mesmo aduladas, por tantas e tantas pessoas a quem levarem um pouco de alegria. Como poderiam, então, sentir-se sozinhas nessas condições? Como não conhecer a plenitude sentimental quando se soube fazer do amor de si e do amor para si o amor do outro e o amor das outras?

Nossas mulheres não devem recuar diante dos combates multiformes que levam uma mulher a se assumir plena, corajosa e orgulhosamente a fim de viver a felicidade de ser ela mesma, e não a sua domesticação pelo homem. Ainda hoje, e para muitas de nossas mulheres, colocar-se sob a proteção de um homem constitui a garantia mais certa contra os mexericos opressores. Elas se casam sem amor e sem alegria de viver, em único proveito de um grosseirão, de um sujeito qualquer, à parte da vida e das lutas do povo. Com muita frequência, as mulheres exigem uma independência altiva, exigindo ao mesmo tempo serem protegidas, ou pior, estarem sob o protetorado colonial de um macho. Não acreditam poder viver de outra maneira.

Não! Precisamos lembrar a nossas irmãs que o casamento, se não trouxer nada para a sociedade e se não as tornar felizes, não é indispensável e deve ser evitado. Pelo contrário, mostremos a elas, todos os dias, os exemplos de pioneiras ousadas e intrépidas que, em seu celibato, com ou sem filhos, desenvolveram-se, radiantes e brilhantes, transbordando de riquezas e de disponibilidade para os outros. São até mesmo invejadas pelas infelizes casadas pelas simpatias que despertam, pela felicidade que extraem de sua liberdade, de sua dignidade e de sua serventia.

As mulheres deram provas suficientes de suas capacidades de manter uma família, criar filhos. Em suma, ser responsáveis sem a sujeição tutelar de um homem. A sociedade evoluiu o bastante para que termine o banimento injusto da mulher sem marido. Revolucionários, devemos fazer de modo a que o casamento seja uma escolha valorizadora, e não essa loteria na qual se sabe o que gasta no início, mas nada do que se ganhará. Os sentimentos são muito nobres para ser uma questão de jogo.

Outra dificuldade reside também, sem dúvida alguma, na atitude feudal, reacionária e passiva de muitos homens que, por meio de seu comportamento, continuam a puxar as mulheres para trás. Não querem ouvir de colocar em questão dominações absolutas sobre a mulher, seja no lar, seja na sociedade em geral. No combate para edificação da nova sociedade, que é um combate revolucionário, esses homens, devido a suas práticas, situam-se do lado da reação e da contrarrevolução. Pois a revolução não pode ser bem-sucedida sem a verdadeira emancipação das mulheres.

Devemos, portanto, camaradas militantes, ter consciência de todas essas dificuldades para melhor enfrentar os combates futuros. A mulher, assim como o homem, tem qualidades, mas também defeitos, e aí reside, sem dúvida, a prova de que a mulher é igual ao homem. Ao enfatizar deliberadamente as qualidades da mulher, não temos dela uma visão idealista. Fazemos questão, simplesmente, de destacar suas qualidades e competências que o homem e a sociedade sempre ocultaram para justificar a exploração e a dominação da mulher.

Como nos organizaremos para acelerar a caminhada em direção à emancipação?

Nossos meios são derrisórios, mas nossa ambição é grande. Nossa vontade e convicção firmes de seguir adiante não bastam para realizar nosso desafio. Precisamos reunir nossas forças, todas elas, mobilizá-las, coordená-las no sentido do êxito de nossa luta.

Há mais de duas décadas se fala muito em emancipação em nosso país, e esse tema já provocou grande comoção. Hoje, é necessário abordar a questão de forma mais ampla, evitando tanto a evasão de responsabilidades – que impediu o engajamento de todas as forças na luta e acabou transformando um tema central em algo periférico – quanto o adiamento indefinido das ações, que deixa para trás justamente aquelas pessoas que deveriam estar na linha de frente desse processo.

No âmbito governamental, guiado pelas diretrizes do Conselho Nacional da Revolução, será implementado um plano de ação a fim de situar as responsabilidades de cada um em missões de curto e médio prazo. Longe de ser um catálogo de votos piedosos e outras lamentações, esse plano de ação deverá ser o fio diretor da intensificação da ação revolucionária. É no fogo da luta que as vitórias importantes e decisivas serão obtidas.

Pat Hunt/The Militant

Combatentes desfilam em Uagadugu, em agosto de 1985.

Nations Unies

Uma aldeã amassa o farelo de milho, em maio de 1983.

Esse plano de ação deverá ser concebido por nós e para nós. De nossos amplos e democráticos debates, deverão sair as audaciosas resoluções para realizar nossa fé na mulher. O que querem os homens e as mulheres para as mulheres? É isso o que diremos em nosso plano de ação. O plano de ação, devido ao envolvimento de todos os departamentos ministeriais, será decididamente diferente da atitude que consiste em marginalizar a questão da mulher e em desculpar os responsáveis, os quais, em suas ações cotidianas, deveriam, e poderiam, ter contribuído de maneira significativa para a resolução da questão.

Essa nova abordagem multidimensional da questão da mulher decorre de nossa análise científica de sua origem, de suas causas e de sua importância no âmbito de nosso projeto de uma nova sociedade, livre de todas as formas de exploração e opressão. Não se trata aqui, absolutamente, de implorar a condescendência de quem quer que seja em favor da mulher, mas de exigir, em nome da revolução, que veio para dar, e não para tomar, que a justiça seja feita às mulheres.

Daqui por diante, a ação de cada ministério e de cada comitê de administração ministerial será julgada em função dos resultados atingidos no âmbito da implementação do plano de ação, para além dos resultados globais usuais. Para tanto, os resultados estatísticos comportarão a parte da ação empreendida que beneficiou as mulheres ou que lhes disser respeito. A questão da mulher deverá estar presente no espírito de todos os tomadores de decisão, a todo momento, em todas as fases da concepção e da execução das ações de desenvolvimento – pois conceber um projeto de desenvolvimento sem a participação da mulher é o mesmo que se servir de quatro dedos quando se tem dez; é ir ao encontro do fracasso.

No que se refere aos ministérios encarregados da educação, cuidaremos particularmente para que o acesso das mulheres à educação seja uma realidade, essa realidade que constituirá um passo qualificativo para a emancipação. Tanto é verdade que, em toda parte onde a mulher tem acesso à educação, o caminho para a emancipação se acelerou. A saída da noite da ignorância, com efeito, permite às mulheres se exprimirem e utilizarem as armas do saber para se colocar à disposição da sociedade. De Burkina Faso deverão desaparecer todas as formas ridículas e retrógradas que faziam que só a escolarização dos meninos fosse percebida como importante e rentável, ao passo que a da menina não passava de uma prodigalidade.

A atenção dos pais para as filhas na escola deverá ser igual àquela concedida aos meninos que são todo o seu orgulho. Pois não só as mulheres provaram que eram iguais aos homens na escola, quando não eram simplesmente melhores, como, sobretudo, elas têm direito à escola para aprender e saber, para ser livres. Nas futuras campanhas de alfabetização, as taxas de participação das mulheres deverão ser aumentadas para corresponder à sua importância numérica na população, pois seria uma grande injustiça manter uma fração tão importante da população, a metade dela, na ignorância.

No que se refere aos ministérios encarregados do trabalho e da justiça, os textos deverão se adaptar constantemente à mutação vivida por nossa sociedade desde 4 de agosto de 1983, a fim de que a igualdade de direitos entre o homem e a mulher seja uma realidade tangível. O novo código de trabalho, em confecção e debate, deverá ser a expressão das profundas aspirações de nosso povo à justiça social e marcar uma etapa importante na obra de destruição do aparelho neocolonial – um aparelho de classe que foi feito e modelado pelos regimes reacionários para perenizar o sistema de opressão de massas populares e, sobretudo, das mulheres.

Como podemos continuar a admitir que, por trabalho igual, a mulher ganhe menos do que o homem? Podemos admitir o casamento levítico[6] e o dote que reduz nossas irmãs e mães ao estatuto de bens vulgares e objetos de tratativas? Há tantas e tantas coisas que as leis medievais continuam a impor a nosso povo, às mulheres de nosso povo. É justo que, enfim, a justiça seja feita.

---

6. O casamento levítico é um casamento no qual, com diversos graus de coerção, a viúva deve desposar um irmão do defunto.

No que se refere aos ministérios encarregados da cultura e da família, ênfase particular será dada ao advento de uma nova mentalidade nas relações sociais, em estreita colaboração com a União das Mulheres de Burkina Faso. A mãe e a esposa sob a revolução têm papéis específicos importantes a serem desempenhados no âmbito das transformações revolucionárias. A educação das crianças, a gestão correta dos orçamentos familiares, a prática da planificação familiar, a criação de um ambiente familiar e o patriotismo são alguns dos itens importantes que devem contribuir de maneira eficaz para o nascimento de uma moral revolucionária e de um estilo de vida anti-imperialista, prelúdio a uma nova sociedade.

Em seu lar, a mulher deverá dedicar um cuidado especial para participar do progresso da qualidade de vida. Enquanto burquinabê, viver bem é se alimentar bem, vestir-se bem com os produtos burquinabês. Trata-se de manter um padrão de vida próprio e agradável, pois o impacto desse aspecto sobre as relações entre os membros de uma mesma família é muito importante. Um modo de vida sujo e miserável engendra relações da mesma natureza. Basta observar os porcos para se convencer disso.

E depois, a transformação das mentalidades ficaria incompleta se a mulher do novo tipo vivesse com um homem do tipo antigo. Onde o verdadeiro complexo de superioridade dos homens sobre as mulheres é mais pernicioso e mais determinante senão no lar no qual a mãe, cúmplice e culpada, organiza sua progenitura de acordo com regras sexistas não igualitárias? São as mulheres que perpetuam o complexo dos sexos, desde o início da educação e formação do caráter.

Aliás, para que serviria nosso ativismo em mobilizar de dia um militante, se, à noite, o neófito se visse ao lado de uma mulher reacionária e desmobilizadora?

O que dizer das tarefas domésticas, absorventes e embrutecedoras, que tendem à robotização e não deixam qualquer respiro para a reflexão? Eis porque as ações devem ser resolutamente empreendidas em direção aos homens e no sentido da implementação, em grande escala, de infraestruturas sociais, como creches, escolinhas populares e cantinas. Elas permitirão às mulheres participar mais facilmente do debate revolucionário, da ação revolucionária. A criança que é rejeitada como a "criança-problema" de sua mãe, ou monopolizada como o orgulho de seu pai, deverá ser uma preocupação para toda a sociedade e se beneficiar de sua atenção e sua afeição. O homem e a mulher, daqui por diante, dividirão todas as tarefas do lar.

O plano de ação em favor das mulheres deverá ser uma ferramenta revolucionária para a mobilização geral de todas as estruturas políticas e administrativas no processo de libertação da mulher. Camaradas militantes, eu repito: para que corresponda às reais necessidades das mulheres, esse plano será objeto de debates democráticos em todas as estruturas da UFB.

A UFB é uma organização revolucionária. A esse título, é uma escola de democracia popular regida pelos princípios organizacionais que são a crítica e a autocrítica, o centralismo democrático. Pretende se diferenciar das organizações em que a mistificação tomou o lugar dos objetos reais. Mas essa diferenciação só será efetiva e permanente se as militantes da UFB se envolverem em uma luta resoluta contra as perversões que ainda persistem, infelizmente, em certos meios femininos. Pois não se trata de reunir as mulheres apenas para exibição ou por outros fins demagógicos dissimulados – eleitoreiros ou simplesmente culposos.

Trata-se de reunir combatentes para conquistar vitórias. Trata-se de lutar em ordem e em torno de programas de atividades decididas democraticamente no interior de seus comitês, no âmbito do exercício bem compreendido da autonomia organizacional própria a cada estrutura revolucionária. A fim de poder ser eficaz na ação, cada mulher membro responsável da UFB deverá estar imbuída de seu papel em sua estrutura. Isso impõe à UFB se envolver em vastas campanhas de educação política e ideológica de seus responsáveis, para reforço no plano organizacional, em todos os níveis, das estruturas da organização.

Camaradas militantes da UFB, vossa união – nossa união – deve participar plenamente da luta de classes aos lados das massas populares. As milhões de consciências adormecidas que despertaram no advento da revolução representam uma força poderosa. Escolhemos em Burkina Faso, em 4 de agosto de 1983, contar com nossas próprias forças, isto é, em grande parte, com a força que vós representais, vós as mulheres. Vossas energias, para serem úteis, devem ser todas conjugadas no sentido da liquidação das raças de exploradores, da dominação econômica, do imperialismo. Enquanto estrutura de mobilização, a militância da UFB deverá forjar uma consciência política aguçada para o engajamento revolucionário total na realização das diferentes ações empreendidas pelo governo e para a melhoria das condições da mulher.

Camaradas da UFB, as transformações revolucionárias criarão as condições favoráveis para vossa libertação. Sois duplamente dominadas pelo imperialismo e pelo homem. Em cada homem repousa adormecido um feudal, um falocrata, que é preciso destruir. Do mesmo modo, é com urgência que deveis aderir às palavras de ordem revolucionárias mais avançadas para acelerar a concretização e caminhar de maneira ainda mais rápida para a emancipação. Eis porque o Conselho Nacional da Revolução nota com alegria vossa intensa participação em todos os grandes canteiros nacionais e vos incita a ir ainda mais longe para um apoio cada vez maior à Revolução de Agosto, que é, antes de tudo, a vossa.

Ao participar massivamente dos grandes canteiros, vós vos mostrais tanto mais merecedoras do que sempre se pretendeu. Por meio das divisões de tarefas na sociedade, confinar-vos a atividades secundárias, quando a vossa aparente fragilidade física nada mais é do que a consequência de normas de elegância e de gosto que essa mesma sociedade vos impõe porque sois mulheres.

No processo, nossa sociedade deve se afastar das concepções feudais que fazem que a mulher não casada seja posta à parte da sociedade, sem que percebamos claramente que isso é a tradução da relação de apropriação que quer que cada mulher seja a propriedade de um homem. É assim que se despreza as mães adolescentes como se fossem as únicas responsáveis por sua situação, quando há sempre um homem culpado. É desse modo que as mulheres que não têm filhos são oprimidas, devido a crenças obsoletas, quando isso se explica por meio da ciência e pode ser vencido pela ciência.

De resto, a sociedade impôs às mulheres cânones de elegância que prejudicam sua integridade física: a excisão, as escarificações, o entalhamento de dentes, a perfuração dos lábios e narizes[7]. A aplicação dessas normas de elegância é de interesse duvidoso. No caso da excisão, ela compromete até mesmo a capacidade de procriação e a vida emocional da mulher. Outros tipos de mutilação, por menos perigosas que sejam, como o furo das orelhas e a tatuagem, não deixam de

7. Trata-se de práticas de mutilações femininas existentes na África, como a excisão, que é a mutilação do clitóris, a escarificação – *scarification*, em francês –, que é uma marca ritual simbólica de pertencimento étnico ou de iniciação, além das perfurações de lábios e narizes, entre outras práticas (dicionário *Le Petit Robert*) [N.T.].

ser expressão do condicionamento da mulher, condicionamento imposto a ela pela sociedade para poder aspirar a um marido. Camaradas militantes, vós vos cuidais para merecer um homem. Vós furais vossas orelhas e trabalhais o vosso corpo para serem aceitas por homens. Vós fazeis mal a vós mesmas para que o macho vos faça ainda mais mal!

Mulheres, minhas camaradas de lutas, é a vós que falo.

Vós que sois infelizes tanto na cidade quanto no campo.

Vós que vos curvais sob o peso dos diversos fardos da exploração ignóbil, "justificada e explicada" no campo.

Vós que na cidade sois supostamente mulheres felizes, mas que sois, no fundo, todos os dias, mulheres infelizes e sobrecarregadas de tarefas, porque mal levantada a mulher gira como um peão em torno de seu guarda-roupas se perguntando o que usar, não para se vestir, não para se cobrir contra as intempéries, mas, sobretudo, o que usar para agradar aos homens, pois, espera-se que ela procure agradar aos homens, como se essa fosse sua obrigação diária.

Vós, as mulheres na hora do repouso que viveis a triste atitude daquela que não tem direito a todos os repousos, aquela que é forçada a se racionar, a impor a si mesma a continência e a abstinência para manter um corpo conforme ao padrão desejado pelos homens.

Vós, à noite, que antes de se deitar, recobertas e maquiadas sob o peso desses numerosos produtos que tanto detestais, nós o sabemos, mas que têm por objetivo ocultar uma ruga indiscreta, incômoda, sempre julgada precoce, uma idade que começa a se manifestar, um ganho de peso que veio muito cedo. Eis que sois, todas as noites, obrigadas a vos impor uma ou duas horas de ritual para preservar uma qualidade mal recompensada, aliás, por um marido desatento, para, no dia seguinte, recomeçar bem cedinho.

Camaradas militantes, ontem, por meio dos discursos para a Direção da Mobilização e da Organização das Mulheres, e em aplicação do estatuto geral dos CDR[8], o Secretariado-Geral Nacional dos CDR implementou com sucesso comitês, subseções e seções da UFB. O Comissariado Político encarregado da organização e planificação terá a missão de concluir vossa pirâmide organizacional por meio da implementação do Escritório Nacional da UFB.

Não precisamos de administração no feminino para gerir burocraticamente a vida das mulheres, nem para falar esporadicamente enquanto funcionário cauteloso da

8. Os CDR, comitês de defesa da revolução [*comités de défense de la révolution*], foram organizações de massa que se desenvolveram depois da vitória da revolução. Funcionavam nos bairros, aldeias, locais de trabalho, instituições escolares e unidades do exército em todo o país. Os CDR visavam organizar a participação nos programas sociais do governo revolucionário e envolver a população na atividade política.

vida das mulheres. Precisamos daquelas que lutarão, porque sabem que, sem batalha, não haverá destruição da antiga ordem e construção da nova ordem. Não procuramos organizar o que existe, mas destruir e substituir o anterior.

O Escritório Nacional da UFB deverá ser constituído por militantes convencidas e determinadas, cuja disponibilidade não deverá jamais esmorecer, uma vez que a obra a empreender é grandiosa. E a luta começa no lar. Essas militantes deverão ter consciência de que elas representam, aos olhos das massas, a imagem da mulher revolucionária emancipada, e deverão se comportar em consequência disso.

Camaradas militantes, ao mudar a ordem clássica de coisas, a experiência mostra cada vez mais que só o povo organizado é capaz de exercer o poder democraticamente. A justiça e a igualdade, que são seus princípios de base, permitem à mulher demonstrar que as sociedades erram ao não confiar nelas, tanto na política quanto na economia. Assim, a mulher que exerce o poder do qual se apoderou no seio do povo está em condições de reabilitar todas as mulheres condenadas pela história. Nossa revolução empreende uma transformação qualitativa, profunda de nossa sociedade. Essa mudança deve levar em conta as aspirações da mulher burquinabê.

Marla Puziss/The Militant

Reunião de um CDR, Comitê de Defesa da Revolução, em um bairro de Uagadugu, em agosto de 1985. Os CDR visavam mobilizar os trabalhadores, camponeses e jovens para construir juntos uma nova sociedade.

Courtoisie De Germaine Pitroïpa

Germaine Pitroïpa, alta-comissária da província de Kouritenga, prepara-se para entregar o prêmio aos ganhadores de uma corrida de jovens amputados, em agosto de 1985. Naquele momento da Revolução Burquinabê, dos trinta altos-comissários de província, dez eram mulheres.

A libertação da mulher é uma exigência do futuro, e o futuro, camaradas, é, em todo lugar, portador de revoluções. Se perdermos o combate pela libertação da mulher, teremos perdido todo direito de esperar uma transformação positiva superior da sociedade. Nossa revolução deixará então de ter sentido. E é a esse nobre combate que, homens e mulheres, somos todos convidados.

Que nossas mulheres assumam então a linha de frente! É essencialmente de sua capacidade e de sua sagacidade em lutar e de sua determinação a vencer que dependerá a vitória final. Que cada mulher saiba arrastar um homem para atingir os cumes da plenitude. E para tanto, que cada uma de nossas mulheres, na imensidão de seus tesouros de afeição e de amor, possa encontrar a força e a sabedoria para nos encorajar quando avançarmos, e nos devolver o dinamismo quando titubearmos. Que cada mulher aconselhe um homem, que cada mulher se comporte enquanto mãe junto a cada homem! Vós nos pusestes no mundo, vós nos haveis educado e vós fizestes de nós homens.

Que cada mulher – vós nos guiastes até o dia em que nos encontramos – continue a exercer e aplicar seu papel de mãe, seu papel de guia. Que a mulher se lembre do que ela pode fazer. Que cada mulher se lembre que é o centro da Terra. Que cada mulher se lembre que está no mundo e para o mundo. Que cada mulher se lembre que a primeira a chorar por um homem é uma mulher. Diz-se, e vós vos lembrareis disso, camaradas, que, no momento de morrer, cada homem invoca, com seus últimos suspiros, uma mulher: sua mãe, sua irmã ou sua companheira.

As mulheres necessitam dos homens para vencer, e os homens necessitam das vitórias das mulheres para vencer. Pois, camaradas mulheres, ao lado de cada homem, há sempre uma mulher. Essa mão da mulher que embalou o filho do homem será a mesma mão que embalará o mundo todo. Nossas mães nos dão a vida. Nossas mulheres põem no mundo nossos filhos, os alimentam em seus seios, criam-nos e fazem deles seres responsáveis. As mulheres asseguram a permanência de nosso povo. As mulheres asseguram o futuro da humanidade. As mulheres asseguram a continuação de nossa obra. As mulheres asseguram o orgulho de cada homem.

Mães, irmãs, companheiras, não existe homem orgulhoso enquanto não existir mulher a seu lado. Todo homem orgulhoso, todo homem forte, busca suas energias junto a uma mulher. A fonte inesgotável da virilidade é a feminilidade. A fonte inesgotável, a chave das vitórias, se encontra sempre entre as mãos da mulher. É junto da mulher, irmã ou companheira, que cada um de nós encontra o suprassumo da honra e da dignidade.

É sempre junto a uma mulher que cada um de nós retorna para buscar e voltar a buscar a consolação, a coragem, a inspiração para ousar retornar ao combate, para receber o conselho que moderará suas temeridades, uma irresponsabilidade presunçosa. É sempre junto a uma mulher que voltamos a nos tornar homens, e cada homem é um filho para cada mulher.

Aquele que não ama a mulher, que não a respeita, que não a honra, desprezou sua própria mãe. Logo, aquele que despreza a mulher despreza e destrói o lugar focal do qual saiu, isto é, ele se suicida, porque considera não ter razão para existir, ter saído do seio generoso de uma mulher. Camaradas, desgraça para aqueles que desprezam as mulheres! Assim, a todos os homens daqui e de outros lugares, a todos os homens de nossas condições, de qualquer classe que sejam, que desprezam a mulher, que ignoram e esquecem o que é a mulher, eu digo: "Vocês bateram em uma rocha, serão esmagados"[9].

Camaradas, revolução alguma, a começar pela nossa, será vitoriosa enquanto as mulheres não forem libertadas. Nossa luta, nossa revolução permanecerá inacabada enquanto não compreendermos a libertação essencialmente como a libertação humana. Depois da libertação do proletariado, resta a libertação da mulher.

Camaradas, toda mulher é mãe de um homem. Não caberia a mim, enquanto homem, enquanto filho, acon-

9. Palavras extraídas de um canto tornado célebre em 9 de agosto de 1956, na África do Sul, quando 20 mil mulheres, dirigidas pelo ANC, African National Congress [Congresso Nacional Africano], protestaram contra as leis do regime de *apartheid* para os salvo-condutos, que obrigavam os negros a levar consigo, o tempo todo, uma carteira especial de identidade, ou *passbook*. O 9 de agosto é hoje celebrado, na África do Sul, como Dia Nacional das Mulheres.

selhar e indicar o caminho a uma mulher. A pretensão seria de querer aconselhar sua mãe. Mas também sabemos que a indulgência e a afeição da mãe consistem em escutar seu filho, mesmo em seus caprichos, em seus sonhos e vaidades. E é o que me consola e me autoriza a me dirigir a vós. Eis porque, camaradas mulheres, necessitamos de vós para uma verdadeira libertação de todos nós. Sei que sempre encontrareis a força e o tempo para nos ajudar a salvar nossa sociedade.

Camaradas, só existe verdadeira revolução social quando a mulher é libertada. Que jamais meus olhos vejam uma sociedade, que jamais meus passos me transportem a uma sociedade em que a metade do povo é mantida em silêncio. Ouço o barulho do silêncio dessas mulheres. Pressinto o rugir de sua borrasca. Sinto a fúria de sua revolta. Aguardo e espero a irrupção fecunda da revolução da qual elas traduzirão a força e a rigorosa justiça saídas de suas entranhas oprimidas.

Camaradas, avante para a conquista do futuro.

O futuro é revolucionário.

O futuro pertence aos que lutam.

A pátria ou a morte, venceremos!

O PAPEL DAS MULHERES NA REVOLUÇÃO DEMOCRÁTICA E POPULAR*

2 de outubro de 1983

O peso das tradições seculares de nossa sociedade condena a mulher a ser besta de carga. Todos os flagelos da sociedade neocolonial, a mulher os sofre duplamente. Em primeiro lugar, ela conhece os mesmos sofrimentos que o homem. Em segundo lugar, sofre da parte do homem outros sofrimentos.

Nossa revolução interessa a todos os oprimidos, a todos aqueles que são explorados na sociedade atual. Por

* Trecho do *Discurso de orientação política* [*Discours d'orientation politique*], apresentado por Thomas Sankara em nome do Conselho Nacional da Revolução. Esse texto se tornou o documento programático fundamental da revolução.

conseguinte, interessa à mulher, pois o fundamento de sua dominação pelo homem se encontra no sistema de organização da vida política e econômica da sociedade. Ao mudar a ordem social que oprime as mulheres, a revolução cria as condições para a verdadeira emancipação delas.

As mulheres e os homens de nossa sociedade são igualmente vítimas da opressão e da dominação imperialistas. Eis porque conduzem o mesmo combate. A revolução e a libertação da mulher caminham juntas. E não é um ato de caridade ou um impulso de humanismo falar na emancipação da mulher. É uma necessidade fundamental para o triunfo da revolução. As mulheres carregam consigo a outra metade do céu.

Criar uma nova mentalidade na mulher de Alto Volta [antigo nome de Burkina Faso] que lhe permita assumir o destino do país ao lado do homem é uma das tarefas primordiais da revolução. Isso também se aplica à transformação a ser feita nas atitudes do homem perante a mulher.

Até hoje, as mulheres foram excluídas das esferas de decisões. Ao conferir responsabilidade às mulheres, a revolução cria as condições para liberar a iniciativa de combate delas. O CNR [Conselho Nacional da Revolução], em sua política revolucionária, trabalhará para a mobilização, organização e união de todas as forças vivas da nação, e as mulheres não serão deixadas de lado. Elas serão associadas a todos os combates que teremos que empreender contra os diversos entraves da sociedade neocolonial e para a edificação de uma nova sociedade. Serão associadas – em todos os níveis de concepção, de decisão e de execução – à organização da vida de toda a nação. O objetivo final de todo esse grandioso empreendimento é o de construir uma sociedade livre e próspera na qual as mulheres serão iguais aos homens em todos os domínios.

No entanto, convém ter uma justa compreensão da questão da emancipação da mulher. Não se trata de uma igualdade mecânica entre o homem e a mulher, adquirir os hábitos reconhecidos no homem: beber, fumar, vestir calças. Não é isso a emancipação da mulher. Não é tampouco a aquisição de diplomas que tornará a mulher igual ao homem ou mais emancipada. O diploma não é um salvo-conduto para a emancipação.

A verdadeira emancipação da mulher é aquela que confere responsabilidade à mulher, associando-a às atividades produtivas e aos diferentes combates aos quais o povo é confrontado. A verdadeira emancipação da mulher é aquela que força o respeito e a consideração do homem. A emancipação, assim como a liberdade, não se outorga, ela se conquista. E cabe às próprias mulheres apresentar suas reivindicações e se mobilizar para torná-las realidade.

Nisso, a revolução democrática e popular criará as condições necessárias para permitir à mulher de Alto Volta se realizar plena e inteiramente. Pois será possível liquidar o sistema de exploração mantendo exploradas as mulheres, as quais constituem mais da metade de nossa sociedade?

Índice

F

I

L

M

Conecte-se conosco:

facebook.com/editoravozes

@editoravozes

@editora_vozes

youtube.com/editoravozes

+55 24 2233-9033

www.vozes.com.br

Conheça nossas lojas:

www.livrariavozes.com.br

Belo Horizonte – Brasília – Campinas – Cuiabá – Curitiba
Fortaleza – Juiz de Fora – Petrópolis – Recife – São Paulo

EDITORA VOZES LTDA.
Rua Frei Luís, 100 – Centro – Cep 25689-900 – Petrópolis, RJ
Tel.: (24) 2233-9000 – E-mail: vendas@vozes.com.br